LES AVANT-POSTES,

OU

L'ARMISTICE,

VAUDEVILLE ANECDOTIQUE,

EN UN ACTE.

Représenté, pour la première fois, sur le Théâtre du Vaudeville, le 2 Fructidor, an 8.

A PARIS,

Au magasin de pièces de Théâtre rue des Prêtres St.-Germain-l'Auxerrois, n°. 44, en face de l'Eglise.

===

AN IX.

Les Exemplaires ont été fournis à la Bibliothèque nationale.

PERSONNAGES.	ARTISTES.
UN GENERAL FRANÇAIS.	*Hyppolite.*
SON AIDE-DE-CAMP.	*Albert.*
UN SOUS-OFFICIER FRANÇAIS.	*Duchaume, jeune*
GEORGES HARTTMANN, meunier allemand.	*Duchaume.*
CHARLOTTE, fiancée à Georges.	Mme. *Henry.*
UN VIEUX CAPORAL AUTRICHIEN.	*Carpentier.*
SOLDATS FRANÇAIS.	
SOLDATS AUTRICHIENS.	

La Scène se passe dans l'espace qui est entre les avant-postes français et autrichiens. Cet espace est occupé, au commencement de la pièce, par la grande garde des Français, et ensuite par une patrouille autrichienne.

COUPLET D'ANNONCE.

AIR: *D'Arlequin afficheur.*

Quand aux regards du spectateur
On offre une pièce nouvelle,
En *avant*, contre son auteur,
La critique est en *sentinelle* ;
Mais si vous voulez que pour lui
L'avantage au moins se balance,
Aux *avant-postes*, aujourd'hui,
Placez votre indulgence.

LES AVANT-POSTES,

OU

L'ARMISTICE,

VAUDEVILLE ANECDOTIQUE,

EN UN ACTE.

(Il fait nuit lorsque la toile se lève; le général et son aide-de-camp sont occupés à examiner des cartes de géographie, un soldat du poste les éclaire avec une lanterne sourde, en prenant des précautions pour que la lumière ne soit point apperçue des postes ennemis, qui sont supposés à peu de distance. Le fond du théâtre est occupé par des Français, dont l'un est en sentinelle.)

SCÈNE PREMIÈRE.

LE GÉNÉRAL, SON AIDE-DE-CAMP.

LE GENERAL.

CELA ne suffit pas; il faut s'assurer de la position de l'ennemi.

L'AIDE-DE-CAMP.

Il est à cent pas de nous.

LES AVANT-POSTES,

LE GENERAL.

Oui ; mais j'attaque demain sa gauche, et je soupçonne de ce côté....

L'AIDE-DE-CAMP.

J'irai, général, j'irai.

LE GENERAL.

(N9. 1.) AIR : *Daignez m'épargner le reste.*

A de si généreux élans
Je reconnais votre vaillance ;
Et dans vos efforts, vos talens,
J'ai la plus haute confiance ;
Mais d'un autre emprunter les yeux,
C'est le plus mauvais des systêmes ;
Des choses nous jugeons bien mieux
Quand nous les voyons par nous-mêmes.

L'AIDE-DE-CAMP.

Quoi ! général, vous vous exposeriez....

LE GENERAL.

(N°. 2.) *Même air.*

J'irai, j'y suis déterminé ;
Quant aux dangers je les oublie ;
Cet exemple-là m'est donné
Par le vainqueur de l'Italie.
Si la gloire marche à grands pas
Au-devant du héros qu'elle aime,
C'est que par-tout, comme aux combats,
Il veut toujours voir par lui-même.

L'AIDE-DE-CAMP.

Souffrez au moins que je vous accompagne.

LE GENERAL.

Non; je n'ai pas besoin d'escorte. (*en souriant.*) Vous pensez bien que je n'irai pas en habit brodé et le panache en tête. Il me faut un travestissement ; mais je ne sais lequel prendre....

VAUDEVILLE.
L'AIDE-DE-CAMP.

(N°. 3.) AIR: *Vous voulez charmante Azélie.*

En approchant de la redoute
Avec soin déguisez vos traits,
L'ennemi vous connaît sans doute,
Il vous a vu souvent de près.
Dès qu'un Français vient à paraître
On le distingue à sa valeur ;
Pour qu'on ne puisse vous connaître
Faites donc semblant d'avoir peur.

SCÈNE II.

LES MÊMES, UN OFFICIER FRANÇAIS.

L'OFFICIER.

GÉNÉRAL, un paysan allemand vient de se présenter à l'avant-poste, sous prétexte de proposer du bled à vendre ; il demande à vous parler.

LE GENERAL.

Un paysan allemand ! qu'on l'amène. (*L'officier sort.*)

SCÈNE III.

LE GENERAL, L'AIDE-DE-CAMP.

L'AIDE-DE-CAMP.

QUELQUE espion peut-être ?

LE GENERAL.

Ou quelque transfuge qui vient servir notre cause aux dépens de celle de son pays.

(N°. 4.) AIR: *Du Vaudeville de l'île des Femmes.*

Peut-être vient il apporter
L'annonce de quelque surprise ;
A la guerre il faut écouter
La voix du traitre qu'on méprise.
Trop souvent, chez nos ennemis,
Ce moyen fut mis en usage,
Et c'est aux perfides avis
Qu'ils ont dû par fois l'avantage.

Ah ! voici notre homme.

SCÈNE IV.

LES MÊMES, GEORGES HARTTMANN, SOLDATS FRANÇAIS *qui le conduisent. Ils se retirent dans le fond du théâtre.*

GEORGES, à part.

Ah ! bon dieu ! que de généraux !

LE GENERAL.

C'est vous qui me demandez, mon ami ? quel dessein vous conduit ici ?

GEORGES.

Ah ! général, n'ayez pas peur, che viens avec de ponnes intentions.

LE GENERAL.

M'apportez-vous quelques renseignemens ?

GEORGES.

Des renseignemens, chénéral ?

(N°. 5.) AIR: *J'ai vu par-tout dans mes voyages.*

> Moi, meûnier, hapiter là bas
> Petit moulin, mon héritache ;
> Avre vu beaucoup de soldats,
> Mais n'en savre pas tavantache ;
> Georges vous auroit-il semblé
> Capable d'une tromperie ?
> Che feux pien vous fendre mon plé,
> Mais pas fous fendre ma patrie.

LE GENERAL.

Prenez-y garde, vous connaissez le sort réservé aux espions.

GEORGES.

Ah ! pour ça, chénéral, bas blus espion que traître. Je suis de la neutralité, sous la protection de la roi de Prusse. D'ailleurs, il faut que je gagne ma vie ; je vends à celui qui me paie le plus ; il n'y a pas de mal à ça, pas vrai, chénéral ?

LE GENERAL.

Vous avez donc vu beaucoup de soldats ?

GEORGES.

Je ne peux pas vous dire au chuste... je n'ai pas compté.

LE GENERAL.

Vous savez si la forteresse voisine est approvisionnée ?

GEORGES, *met la main sur sa bouche.*

Ne pas savoir davantache.

LE GÉNÉRAL.

Cet homme ne peut m'être bon à rien..... Mais, que dis-je ?..... Je cherchais un travestissement.....

Excellente idée...... Comment vous appellez-vous, mon ami ?

GEORGES.

Georges Harttmann.

LE GENERAL.

Georges Harttmann! Vous êtes un brave homme ; j'estime votre façon de penser : on achètera votre bled.

(Le général dit quelques mots à l'oreille de son aide-camp, qui donne ensuite un ordre à un soldat.)

GEORGES, *à part, croyant qu'on s'occupe de son marché.*

Voilà qu'ils complottent ensemble pour avoir mon grain ; mais pas d'argent, pas de neutre.

L'AIDE-DE-CAMP.

Ah! çà, l'ami, tu as fait un peu de chemin, tu ne seras pas fâché de te rafraîchir.

GEORGES.

Ce n'est pas te refus, mon chénéral ; d'ailleurs, c'est le verre en main qu'il faut finir un marché ; *(à part.)* ce chénéral français à l'air d'un pon fifant.

(On apporte du vin et des verres.)

L'AIDE-DE-CAMP.

Allons, camarade, à table.

GEORGES.

(N°. 6.) *Air nouveau du Cit. Berteau.*

Oui, *Derteiffel*, (1) il faut poire,
Ici, nous sommes tous amis ;
Cepentant n'allez pas croire
Que je rapatte te mon prix.

L'AIDE-DE-CAMP.

Un Français sait chanter et boire.

---

(1) *Derteiffel.* Ce juron allemand se prononce *tar taefle.*

Il s'enivre tour-à-tour,
D'amour, de vin et de gloire,
De vin, de gloire et d'amour.

(*Ils boivent.*)

LE GENERAL.

Oui, je me décide, je ferai reprendre à cette garde avancée la position qu'elle occupait à l'entrée de la nuit.

GEORGES, *à l'aide-de-camp.*

Ça, dites-moi, chénéral, ça va être payé comptant...

L'AIDE-DE-CAMP.

Ton bled?.... oui, sans doute...... (*aux soldats*) allons, versez-lui donc à boire.

(*Les soldats reprennent en cœur les quatre derniers vers du couplet.*)

Un Français, etc.

(*Le général s'éloigne un instant, suivi de deux soldats.*)

GEORGES, *toujours préoccupé de son marché.*

Ah! tame, c'est que je compte sur mon argent pour les frais de mon nôce.

L'AIDE-DE-CAMP.

Ah! ah! tu te maries donc?

GEORGES.

Dès temain, pas putôt que ça.

L'AIDE-DE-CAMP.

Et comment s'appelle la future?

GEORGES.

Ah! vous ne connaissez pas mon petit Charlotte?

L'AIDE-DE-CAMP.

Il fallait nous l'amener, nous aurions vu si elle est jolie.

GEORGES.

Nichtz! nichtz! pas de ça di tout!

(N°. 7.) *Air du vaudeville de Chaulieu.*

> Je n'aurais pas fait la folie
> D'amener mon Charlotte à fous :
> Chez des Français, femme cholie,
> C'est prepis au milieu des loups ;
> T'ailleurs, on nous tit que les pelles
> Ont grand peine à fous échapper ;
> Et que sans courir après elles,
> Fous savez bien les attrapper.

UN SOLDAT.

Allons, à la santé de Charlotte.

GEORGES, *sans boire.*

Va pour Charlotte! c'est bien le plus joli petit fille! Pauvre enfant! Il est à m'attendre au villache voisin.

LE SOLDAT.

Camarade, vous ne buvez pas?

GEORGES, *sans boire.*

Ah! sans ce maudit guerre, nous aurions fait le mariache il y a bien long-temps.

L'AIDE-DE-CAMP, *prenant un verre.*

Eh bien, camarade, buvons à la santé de celui qui nous donnera la paix.

GEORGES, *ôtant son chapeau.*

Va pour celui-là, je le connais bien!

VAUDEVILLE.

L'AIDE-DE-CAMP.

(N°. 8.) AIR: *Trouverez-vous un parlement.*

Ami, je ne suis point surpris
Qu'à sa santé tu veuilles boire;
Il fait même à nos ennemis,
Payer un tribut à sa gloire.
Tout retentit de sa valeur;
Ainsi, l'Egypte et l'Italie,
En moins d'un an, l'ont vu vainqueur
Dans l'une et l'autre Alexandrie.

LE GENERAL.

Je suis de cette santé-là.

GEORGES, *après avoir bu.*

C'est çà, chénéral..... Vous êtes un brave homme; aussi, tenez, je vous aime ..... comme la roi de Prusse... à sa santé!...

LE GENERAL.

Volontiers, il a épargné le sang de ses peuples; son nom est cher à l'humanité.

GEORGES, *ivre.*

Chénéral, che parlais tout-à-l'heure d'un petit brochet de mariache; il faudra que vous soyez de mon nôce avec Charlotte?

LE GENERAL, *à part.*

Ça ne va déjà pas mal; il sera bientôt à nous.

GEORGES.

Vous ne chantez donc plus, vous autres.

L'AIDE-DE-CAMP.

(N°. 9.) *Duo, musique du Cit. Berteau.*

S'il te fallait choisir un jour,
Entre Charlotte et ta bouteille,
Serais-tu fidèle à l'amour,
Ou fidèle au jus de la treille?

LES AVANT-POSTES,

GEORGES.

Ma foi, ma foi, dans l'embarras,
Entre eux je ne choisirais pas.

ENSEMBLE.

L'AIDE DE-CAMP.	GEORGES.
S'il lui fallait choisir un jour,	Oui, je chérirais tour-à-tour
Entre Charlotte et sa bouteille,	Et mon Charlotte et mon bouteille;
Il serait fidele à l'amour,	Je serais fidèle à l'amour,
Et fidèle au jus de la treille.	Et fidele au jus de la treille.

L'AIDE-DE-CAMP.

Tu cesserais d'aimer, j'en suis certain,

GEORGES.

Pour mon Charlotte, ah! quel outrache!

L'AIDE-DE-CAMP.

Tu voudrais donc renoncer au bon vin?

GEORGES.

Moi! ne plus boire, ah! quel dommache!

ENSEMBLE.

L'AIDE-DE-CAMP.	GEORGES, *ivre*.
S'il lui fallait choisir un jour,	. . . . tour-à-tour,
Entre Charlotte et sa bouteille,	. . . . bouteille,
Il serait fidèle à l'amour,	. . . . amour,
Et fidèle au jus de la treille.	. . . . treille.

(*Georges tombe de sommeil et d'ivresse.*)

COEUR.

L'AIDE-DE-CAMP.	LES SOLDATS.
Parlons tout bas!	Parlons tout bas!

{ Profitez } de son ivresse;
{ Profitons }
Il ne se réveillera pas.
Voici l'instant, { usons } d'adresse.....
{ usez }
Parlons tout bas!
Il ne se réveillera pas.

(*A la suite de ce morceau, on joue l'air* : Frère Jacques).

VAUDEVILLE.

(Pendant le cœur, on déshabille le meunier, en commençant par lui ôter ses guêtres, que le général met à mesure.)

L'AIDE-DE-CAMP.

Mais, général, qu'allons-nous faire de ce pauvre Georges?

LE GENERAL, *avec une intention marquée.*

Déposez-le sous cet arbre, à l'entrée du bois.

L'AIDE-DE-CAMP.

Dans cet état, à la fraîcheur du matin?

LE GENERAL, *avec intérêt.*

Couvrez-le de mon habit.

(On s'occupe du meunier, deux soldats l'entraînent.)

===

SCENE V.

LE GENERAL, L'AIDE-DE-CAMP.

LE GENERAL.

Me voilà prêt; partons.

(N°. 10.) *Air du Vaudeville de la gageure inutile.*

Quel espoir en moi vient de naître!
Tout me garantit le succès;
Du camp voisin, je vais connaître,
Et les forces et les projets:
Sans éclat, sans bruit, sans escorte,
J'observerai nos ennemis....
Quelque soit l'habit que l'on porte,
On peut donc servir son pays!

(A l'aide-de-camp.) Adieu, mon ami; exécutez ce

dont nous sommes convenus : faites reprendre à ce poste la position d'hier soir ; c'est là que je vous reprendrai bientôt.

L'AIDE-DE-CAMP.

Vous partez seul, général ; mais ne pourrai-je pas vous accompagner ?

LE GENERAL.

Restez, je vous l'ordonne.

L'AIDE-DE-CAMP.

C'est la première fois que je vous obéis à regret.

(*Le général sort ; scène muette.*)

SCENE VI.

L'AIDE-DE-CAMP, ET LES SOLDATS DU POSTE.

(*L'Officier qui commande le poste, fait faire une petite évolution, pour abandonner la position*).

L'AIDE-DE-CAMP.

(N°. 11.) AIR: *de la Marche de Gulnare, ou l'Esclave Persanne.*

Puisse un destin prospère
Seconder ses projets :
L'audace est à la guerre
Le garant du succès.
Un adroit stratagême
Est permis aux combats,
Lorsque l'on sait de même
Affronter le trepas.

(*La marche continue, et les soldats reprennent les quatre premiers vers en s'éloignant*).

SCENE VII.

CHARLOTTE, seule.

(*On entend dans la coulisse appeler* : Cheorches ! Cheorches ! *elle entre en tremblant sur le théâtre ; et regarde les Français s'eloigner.*)

AH ! pon dieu ! je suis craintive peaucoup ! (*elle appelle à voix basse*) Chorches ! Chorches ! (*s'arrêtant tout-à-coup*) Que vois-che là pas ? que de soldats ; che tremple.... Ah ! ce sont des Français !.... *che respire.*
Des Français !

(N°. 12.) AIR: *de la croisée.*

Leur soldat est toujours galant,
Et remarqué par son vaillance ;
Et si j'étois homme, vraiment,
Je craindrais bien plus son présence :
Mais on nous dit que le Français,
Même aux combats, pensant aux dames,
Envoie aux maris des boulets,
Et des baisers aux femmes.

Aussi, Cheorches aurait bien mieux fait de me permettre d'aller traiter avec eux de son bled. Moi être cholie, moi être sûre de le vendre le touple.... Mais, où est-il ! che suis inquiète fort... Je cherche lui depuis deux heures... Cheorches ! Cheorches ! quel tourment ! pon dieu ! pon dieu !

(No. 13) *Même air.*

Hélas ! j'appelle vainement,
Eprouver vive inquiétude ;
De le voir à chaque moment,
Avoir pris la douce habitude.

Combien l'amour donner d'ennui !
Chorches occupe toujours mon ame;
Mais pour ne plus songer à lui,
Soyons demain sa femme.

SCENE VIII.

CHARLOTTE, UN CAPORAL AUTRICHIEN ET UNE PATROUILLE.

LE CAPORAL, *d'une voix forte.*

Qui fife ?

CHARLOTTE.

Ah ! mon dieu, n'être pas Français, je tremble !

LE CAPORAL, *à part.*

Entendre voix de petit fille, je crois ?

(*Aux soldats.*) Retirez-vous sous les arbres, moi vouloir faire seul la reconnaissance. Etre prêts au premier signal.

(*La patrouille se retire à quelques pas.*)

LE CAPORAL, *s'approchant.*

Qui fife ? (*Adoucissant sa voix.*) N'avre pas peur; moi n'être pas méchant pour le petit fille. (*Grossissant sa voix.*) Qui être-vous ? parle vîte.

CHARLOTTE.

Je suis Charlotte, et j'habite le petit moulin du villache.

LE CAPORAL, *baissant la voix.*

Moi te connaître, toi être cholie en diaple. (*Grossissant sa voix.*) Et que faire ici avant le jour ? parle vîte.

CHARLOTTE.

VAUDEVILLE.

CHARLOTTE.

Chesus men god! moi, chercher Cheorches Harttmann mon amant, que je dois épouser temain!

LE CAPORAL, *baissant la voix et lui prenant la main.*

Toi n'épouser pas lui, petit cœur; moi être plus digne... (*Grossissant sa voix.*) Toi venir du camp français! avoir rencontré le garde? parle vîte...

CHARLOTTE.

Mon tieu non, mon tieu non.

LE CAPORAL, *baissant la voix.*

Moi être beau hussard! n'avoir qu'un œil de moins et trois balafres sur le tête! (*Grossissant la voix.*) Dire où être le Français; parle vîte.

CHARLOTTE.

Moi savre pas, moi savre pas.

LE CAPORAL, *baissant la voix.*

Moi, vouloir t'embrasser avant le noce.

(*Charlotte le repousse.*)

CHARLOTTE.

Non... Non.

LE CAPORAL, *grossissant sa voix.*

Suivre nous sur-le-champ... (*Baissant la voix.*) Moi lâcher toi pour un baiser.

(*Il la prend dans ses bras; Charlotte se défend et appelle:* Cheorches! Cheorches!)

LE CAPORAL.

Li être un tiaple que le petite fille; mais moi vouloir absolument.

B

SCÈNE IX.

LES PRÉCÉDENS, LE GENERAL FRANÇAIS.

LE GÉNÉRAL, *la dégageant du caporal et le renversant à ses pieds.*

Quoi ! scélérat ! tu oses...

    CHARLOTTE, *se jettant dans ses bras.*

Ah ! mon cher Cheorches !

    LE CAPORAL.

A moi !

(Les hussards entourrent le général et lui tiennent la baïonnette sur la poitrine.)

    CHARLOTTE, *se plaçant entr'eux et lui.*

Arrêtez !

    LE GÉNÉRAL, *à part.*

Je suis perdu.

    LE CAPORAL, *avec force.*

Qui five ! parle vîte !

    LE GÉNÉRAL, *baragouinant l'allemand.*

Georges Harttmann !

    CHARLOTTE, *à part.*

Mais, n'être pas son voix !

    LE GÉNÉRAL.

Moi, moutre au moulin au haut de la villache.

VAUDEVILLE.
CHARLOTTE, *naïvement.*

Non, vous n'être pas...

LE GÉNÉRAL, *bas, et l'interrompant.*

Je suis Français, et mort si vous parlez.

CHARLOTTE, *se jettant vivement à son col.*

Ah ! mon cher Cheorches !

LE CAPORAL.

Ce Georges Harttmann avre un poigne d'enfer !

LE GÉNÉRAL.

Der teiffel ! quand on veut embrasser mon Charlotte !

CHARLOTTE, *à part.*

Savoir mon nom !

LE CAPORAL, *haussant la voix.*

Mais, que cherche ici ? parle vite !

LE GÉNÉRAL, *toujours baragouinant.*

Vous même, mon chénéral ; nous faire un excellent capture !

(N°. 14.) AIR : *Daignez m'épargner le reste.*

Après avoir bif à longs traits
Quelques pouteilles de Champagne,
Un certain chénéral français
S'est égaré dans la campagne.
Endormi dans ce taillis là,
I' n' se croit pas si près des vôtres...

LE CAPORAL.

S'être enivré comme cela !
Mais, ce chénéral français-là...
Ne serait-ce point un des nôtres ?

LE GÉNÉRAL.

Moi avoir bien connu l'uniforme... Suivre moi !

B 2

LE CAPORAL.

Lui dormir fort?

LE GENERAL.

Etre tranquille!

LE CAPORAL.

Un chénéral français endormi! il faut profiter de l'occasion, être rare.

Chœur d'Azémia.

LE GENERAL.

Suivez mes pas.

LES AUTRICHIENS.

Suivons ses pas.

LE GENERAL.

Il est là bas.

LES AUTRICHIENS.

Il est là bas.

CHARLOTTE.

Mais à quoi bon cette imposture?
Que de chagrin mon cœur endure!
Quelle aventure?
Che comprends pas.

ENSEMBLE.

LES AUTRIC. et LE GEN.	CHARLOTTE.
Poursuivons notre aventure.	Bon dieu! c'est une imposture!
Bonne capture!	Quelle aventure!
Suivez mes pas.	Che comprends pas.
Suivons ses pas.	

CHARLOTTE, *seule*.

Hélas! hélas!
Moi n'entends pas! *(bis)*.

VAUDEVILLE.

SCÈNE X.

CHARLOTTE, seule.

Je suis saisie, surprise fort ! quel être le Francais ? peut-être un officier, un..... et n'importe ! être en danger ! moi sauver lui sans réfléchir...

(N°. 15.) AIR: *Fuyant et la ville et la cour.*

Mais si c'était un chénéral !
Un homme de grande importance !
Hélas ! aurais-je donc fait mal
D'écouter ma reconnaissance !
Moi n'avoir vu que son malheur,
Avec plaisir sauver sa vie !..
Faudrait-il donc trahir son cœur
Pour ne pas trahir sa patrie ?

Non sans doute, il me fut permis
De ne consulter que mon zèle ;
On est fidèle à son pays
Quand aux vertus on est fidèle ;
Ici j'ai rempli mon devoir,
Et mon ame en est réjouie :
Tout malheureux devrait avoir
Le monde entier pour sa patrie.

(*Le général paraît au fond du théâtre à travers les arbres ; et Charlotte le suit de l'œil. Il repasse du côté des Français.*)

Mon pauvre Cheorches, moi étais contente beaucoup ; croyais avoir trouvé lui... Mais ce français être encore en danger avec ces hussards !... Le voici !... Il s'éloigne !... Il n'est pas poursuivi ! le voilà sauvé ! Ah ! pardonne Cheorches ! c'est la première fois que moi l'être loin de mon ami... mais ce déguisement, ces habits qui m'ont paru les siens... Ce Français doit savoir... Il faut le rejoindre..., lui demander.. Courons.

(*Elle sort du même côté que le général.*)

SCÈNE XI.

(*Le jour commence à paraître.*)

LES HUSSARDS, amenant Georges Harttmann encore endormi.

(N.º 16.) AIR : *De la pipe de tabac.*

LES HUSSARDS.
Nous avre fait bonne capture !
LE CAPORAL.
Camarade, parlez tout bas !
LES HUSSARDS.
Lui domir bien, ça me rassure.
LE CAPORAL.
Nous allons le poser là-bas.
TOUS.
Nous allons le poser là-bas.
UN HUSSARD.
C'est un officier d'importance !
UN AUTRE.
Etre le chénéral, ché crois !..
LE CAPORAL.
Pour moi, mes chers amis, je pense...

VAUDEVILLE.

(Ouf...)
Qu'être au moins un homme de poids.
TOUS.
Oh ! oui, c'est un homme de poids.

(*Ils posent Georges à terre du côté opposé à celui où on l'a d'abord fait boire; il est à moitié endormi, et se réveille peu-à-peu.*)

GEORGES, *à demi éveillé.*
Ah ! pardon, chénéral . à votre santé.

LE CAPORAL.
Lui croire trinquer encore.

GEORGES, *chantant.*
S'il me fallait choisir un jour
Entre Charlotte et ma bouteille ;

Mais versez donc, mon officier .... Hem ! oh ! non, moi pas donner à ce prix-là.

LE CAPORAL.
Lui être gai dans l'ivresse ; mais quand réveillé tout-à-fait pas content.

GEORGES, *se levant vivement.*
Pas comptant, c'étoit convenu.

LE CAPORAL.
N'en fouloir pas à vos jours.

GEORGES.
Non, mais en fouloir à mon pied.

LE CAPORAL.
Que diable, lui être folle avec son pied ; allons, chénéral, rendez-nous vos armes.

UN SOLDAT AUTRICHIEN.

Oui, vos armes.

GEORGES.

Mes armes!

LE CAPORAL.

Vous êtes notre prisonnier.

GEORGES.

Prisonnier!....

LE CAPORAL.

Tartaeffle! point de résistance!

GEORGES, *le regardant avec attention.*

AIR: *De la Croisée.*

C'est un chénéral allemand,
Ah! pon dieu, pon dieu, comment faire?

LE CAPORAL, LES HUSSARDS.

Vous êtes Français,

GEORGES.

Moi, comment?

LE CAPORAL, LES HUSSARDS.

Et notre prisonnier de guerre.

(*Georges éclate de rire.*)

Nous vous avre bien reconnu.

GEORGES.

Vraiment, vous faites des merveilles;
Je suis allemand, car j'ai bu
Au moins douze bouteilles.

LE CAPORAL.

Allons, suivre nous sur-le-champ.

VAUDEVILLE.

GEORGES.

Je suis Georges Harttmann, le meunier.

LE CAPORAL.

Pas tant de raison, suivre nous vîte.

GEORGES.

(*Il fait un mouvement pour repousser le caporal. Il apperçoit la redingotte d'uniforme qu'il porte*).

AIR: *Du pas redoublé.*

Que vois-je! oh! ciel, et mes habits,
Et mon gilet à manches;
Mes camarades, ils m'ont pris
Ma veste des dimanches:
Que faire ! au villache voisin,
Déjà ma noce est prête.

(*Il va pour ôter le plumet de son chapeau*).

J'épouse Charlotte demain,
Che ne veux pas d'aigrette.

LE CAPORAL.

Allons, c'est assez plaisanter, toi être chénéral français.

GEORGES.

Moi, chénéral français?

LE CAPORAL.

Avouer, vîte.

GEORGES.

Il est bon, lui; si j'étois le chénéral français, je me serois acheté mon pled, peut-être....

LE CAPORAL.

Quoi, ne fouloir pas convenir, tartaeffle !

GEORGES.

Oh! ne vous fâchez pas; vous le voulez, et bien, je suis chénéral, allons, en avant, marche......... au moulin.

(*Il fait un mouvement pour s'en aller*).

SCÈNE XII.

LES PRÉCÉDENS, CHARLOTTE.

CHARLOTTE, *accourant*

Cheorches! ah! mon cher Cheorches!

GEORGES.

Charlotte à moi, mon Charlotte!

CHARLOTTE, *au caporal*.

Ce meunier qui vous a parlé, c'étoit le chénéral français.

LE CAPORAL.

Comment, le chénéral?

CHARLOTTE.

Lui avoir pris les habits de Cheorches endormi......
(*A Georges*.) Mon cher Cheorches!

(*On entend une trompette*).

LE CAPORAL.

Ce n'est que trop vrai; nous sommes attaqués; à vos rangs, camarades, attention, en joue.

(*On lâche Georges qui se cache dans un coin avec Charlotte, en donnant des signes de frayeur*).

(*On entend une seconde fois la trompette*).

LE CAPORAL.

Un moment...... Qui fife ?

L'AIDE-DE-CAMP, *dans la coulisse*.

Parlementaire.

LE CAPORAL.

Parlementaire...... Alte-là ; que voulez-vous, parle vîte.

SCENE XIII.

LES PRÉCÉDENS, UN TROMPETTE, L'OFFIEIER FRANCAIS *suivi d'une troupe de villageois et de villageoises.*

L'AIDE-DE-CAMP.

Armistice ! armistice !

(*Mouvement de joie universel*).

CHARLOTTE.

Eh ! bien, nous ne sommes donc plus en guerre avec vous.

LE CAPORAL.

Un moment, mamselle...... ah ! ça, c'est-il bien vrai ; je ne patine pas, moi,

LE GENERAL

AIR : *Cet arbre apporté de Provence.*

La dépêche est officielle,
Entre nous trêve de combats,
Déjà cette heureuse nouvelle
Répand la gaieté sur mes pas ;
A l'espoir flatteur qu'elle donne,
Livrez-vous avec les Français ;
Oui, nous allons voir cette automne
Mûrir l'olive de la paix.

(*Le caporal fait un signe de respect à l'officier*).

GEORGES.

Pas d'armistice, il me faut mes habits.

LE CAPORAL.

Silence.

L'OFFICIER.

Eh bien, Georges Harttmann ?...

GEORGES.

Ah ! mon commandant, voilà celui qui m'a fait boire, tartaeffle !

LE CAPORAL.

Il ne s'agit pas de ça, armistice !

L'OFFICIER.

Oui, armistice. Quant à tes habits, ils ont servi à faire une reconnaissance essentielle, qui, heureusement, s'est trouvée inutile. Le général qui a fait ce trait de bravoure te les renvoie, et voici la dot de Charlotte, qu'il me charge de te remettre.

GEORGES.

Ah ! le brave homme ! ah ça, mais prendra-t-il toujours mon pled.

VAUDEVILLE.

CHARLOTTE.

Je suis contente beaucoup d'avoir sauvé la général française.

L'OFFICIER.

Ça, camarade, ne perdons point de tems, conduisez-moi à votre général.

LE CAPORAL.

Oui, mon commandant; mais auparavant, je veux, avec votre permission, célébrer ce bon nouvelle à mon poste.

UN FRANÇAIS.

Une ronde, mon officier.

CHARLOTTE.

Oùi, moi, moi, je vais chanter.

RONDE.

Air de J.-J. Rousseau : *J'ai perdu mes pantouflettes.*

Vouloir, moi, petit fillette, } *bis.*
Avec vous, danser en rond;
Que gaiement chacun répète
Le refrain de mon chanson.
Eh! oui, le son d'une musette, } *bis.*
Vaut mieux que le bruit du canon.

Des combats des amourettes, } *bis.*
Le printems est la saison;
Mais devant des baïonnettes,
L'amour est petit garçon.
Pourtant le son des musettes, } *bis.*
Vaut mieux que le bruit du canon.

Quand vos tambours, vos trompettes, } *bis.*
Chez nous faisoient carillon,

Bergèrs quitter nous pauvrettes,
Pour marcher en bataillon.
Pourtant le son des musettes, } bis.
Vaut mieux que le bruit du canon.

Pour le Français, nos fillettes, } bis.
Sont tendres beaucoup, dit on,
C'est qu'il sait conter fleurettes,
Et se bat comme un démon ;
Il danse au son des musettes, } bis.
Aussi bien qu'au bruit du canon.

GEORGES.

Ah! mamselle, vous les aimez trop, ces Français.

CHARLOTTE.

Ah! n'avre pas peur, mon cher Cheorches.

VAUDEVILLE.

AIR : *Du Vaudeville de la fille en loterie.*

L'AIDE-DE-CAMP.

Aux plaisirs qui vous sont rendus,
Livrez-vous, aimables bergères ;
Le canon ne troublera plus
Vos chansons, vos danses légères.
L'amour seul pourra désormais,
Parmi vous semer des allarmes ;
Il est plus méchant que jamais, } bis.
Quand Mars a déposé les armes.

GEORGES.

Quand pour chénéral, on m'a pris,
N'être pas troublé davantache ;
A présent n'être plus surpris,
D'avoir montré tant de courache :
Si moi n'avre cédé jamais,
Malgré vos cris et mes allarmes,
C'est que sous un habit français, } bis.
On ne sait pas rendre les armes.

VAUDEVILLE.
LE CAPORAL.

Mon tête, mon jambe et mon bras,
Sont couverts de mainte blessure ;
Et j'ai rapporté, des combats,
Un œil de moins dans mon figure ;
Cependant, je regrette fort,
Un métier, pour moi, plein de charmes...
Oui, j'y veux perdre un œil encor,
Si jamais je reprends les armes.

CHARLOTTE, *au public.*

Jusqu'ici l'auteur incertain,
Du sort de cette bagatelle,
Voudrait voir, par un coup de main,
Finir son épreuve cruelle.
Ah ! si vous daignez concevoir,
Son tourment, ses vives allarmes,
Oui, de la critique, ce soir,
Vous laisserez tomber les armes.

FIN.

De l'Imprimerie rue des Droits-de-l'Homme, N°. 44.

www.ingramcontent.com/pod-product-compliance
Lightning Source LLC
Chambersburg PA
CBHW061013050426
42453CB00009B/1420